C. De KIRWAN

Du vrai sens

de la vie

(SUITE ET FIN)

EDITIONS DES *QUESTIONS ECCLESIASTIQUES*
N° 86. — Octobre-Novembre 1910

LILLE

RÉDACTION :
3, rue d'Isly

ADMINISTRATION :
15, rue d'Angleterre

C. De KIRWAN

Du vrai sens
de la vie

(SUITE ET FIN)

EDITIONS DES *QUESTIONS ECCLESIASTIQUES*
N° 86. — Octobre-Novembre 1910

LILLE

RÉDACTION :
3, rue d'Isly

ADMINISTRATION :
15, rue d'Angleterre

Du vrai sens de la vie

(SUITE ET FIN)

Le gouvernement des nations

Après avoir décrit le gouvernement du corps, le gouvernement de l'esprit, celui du cœur et celui de la volonté, soit le gouvernement total de la personne humaine, le penseur que fut l'abbé Guinand, consacra douze ou treize conférences à l'étude du gouvernement des sociétés (1).

La justice et le droit sont — ou devraient être — la base fondamentale de toute société digne de ce nom ; et les éléments divers dont se compose la Société sont régis par l'Autorité, associée elle-même à la Liberté, dans une mesure d'ailleurs variable, suivant les temps, les milieux et les mœurs. De là les différentes formes de gouvernement, toutes devant être soumises au règne de la loi ; et la loi doit être l'expression permanente de la justice et du droit ; elle ne doit rester étrangère à rien de ce qui intéresse l'ordre social, favorisant et protégeant toutes les libertés et initiatives qui tendent au développement des facultés privées ou corporatives, comme à l'exercice des devoirs et des droits des divers éléments sociaux. La propriété et tous les droits qui en découlent, aujourd'hui si discutés, si contestés, abusifs parfois, mais en soi primordiaux, extension et appui vital de la famille, occupent une place importante dans le fonctionnement des sociétés. Les lois économiques, en si grand honneur à l'heure présente, jouant dans les relations sociales et internationales un rôle de plus en plus considérable, sont cepen-

(1) Elles sont réunies dans le tome IV de *La Science de la Vie*. III⁰ et dernier du *Devoir*, ayant pour sous-titre : *Gouvernement des Sociétés. Justice*. Notons qu'une erreur d'impression à la 7ᵉ ligne de la première partie de cette étude, nous a fait dire que l'abbé Guinand avait professé la philosophie, à Saint-Alban, de 1835 à 1850 : c'est 1840 à 1855 qu'il faut lire.

dant impuissantes à satisfaire les exigences de la classe ouvrière ;
et celle-ci, se tournant vers l'Etat, aspire au socialisme, plus
impuissant encore avec son système d'égalité absolue et contraire à la nature, prodrome immédiat de la pire anarchie.
L'élément religieux, repoussé systématiquement par les uns (notamment par les socialistes), laissé de côté comme étranger par
les autres (les économistes), est cependant d'une nécessité telle
qu'il n'est pas d'exemple de société pouvant subsister longtemps
en dehors de lui. En sorte qu'aucune solution du problème social
n'a de valeur, s'il n'y prend une part, et une part essentielle.

I

JUSTICE ET ÉLÉMENTS SOCIAUX

La justice, selon notre auteur, n'est autre chose que l'accom-
plissement de la loi morale, laquelle « lie ma liberté vis-à-vis
de Dieu et crée le devoir, la consacre en même temps vis-à-vis
des hommes et crée le droit. » D'où il résulte que, pour que je
puisse accomplir mon devoir, ma liberté ne doit pas être enchaî-
née, mise dans l'impossibilité d'agir, « elle doit être intérieure
(libre arbitre) et extérieure (liberté générale), ni nécessitée, ni
empêchée ; autrement, elle ne saurait être responsable (2). » Le
droit naît ainsi du même principe que le devoir, mais il lui est
subordonné, il est comme son frère cadet. Il est vain d'en rechercher l'origine, avec Cicéron, dans l'utilité de tous, *suam cuique
tribuens dignitatem*, avec Hobbes et Bentham, dans le concept
matérialiste de l'intérêt, avec Proudhon, dans la doctrine de
l'immanence, supposant « que la justice est la première et la
plus essentielle de nos facultés, une faculté souveraine, etc. » (3).
La logique et la morale précèdent la justice ; le vrai, le bien,
le beau sont avant le droit. Sans doute l'idée de justice n'est pas
venue en nous par tradition extérieure ou par révélation sur-
naturelle ; elle a été déposée naturellement dans nos consciences
par « Celui qui porte en lui la justice avant l'homme et qui la
revendique pour lui seul, en qui seul et nécessairement réside
l'immanence, qui existe par lui-même, qui est le commencement
des choses, qui seul possède toutes les perfections immanentes :
Dieu » (4).

Etant donné l'existence en Dieu du vrai, du bien, du beau
absolu, — la justice, le juste est une application relative, dans les

----

(2) *Le Devoir*, t. III, p. 11.
(3) PROUDHON, cité par l'auteur. *ibid.*, p. 15.
(4) *Loc. cit.*, p. 16.

sociétés humaines, de ces choses de nature éternelle ; « le juste a son existence propre, son domaine, ses lois, ses résultats, liés sans doute et dépendant dans une certaine mesure des trois premiers ordres, mais ayant un fonctionnement propre et particulier. On peut donc définir la justice : un ensemble de règles rationnelles, absolues, divines, qui président aux relations des hommes entre eux » (5). Mais, absolue en soi, dès là qu'elle tombe dans le domaine du contingent, qu'elle devient la justice humaine, elle est entachée de relativité, d'égarement, d'erreur et souvent d'injustice.

*
* *

An point de vue purement matériel, l'homme par son corps est un animal ; animal préparé, disposé, *préformé* à la vie intellectuelle, sans doute, mais enfin sujet de toute la série des phénomènes propres au règne animal : naissance, respiration, nutrition, locomotion, croissance, reproduction, langage même — langage des sens, inapte, il est vrai, à formuler des idées, mais exprimant très bien les phénomènes de sensibilité (sensations, sentiments, passions) ; enfin déclin, vieillesse et mort. Toutefois il est un autre phénomène matériel qui est l'apanage exclusif de l'homme, c'est le langage *articulé*, la parole, propre à traduire les *idées*, non seulement les idées particulières et concrètes, mais aussi les idées abstraites, générales, universelles (6). Or cet instrument de l'expression de la pensée n'aurait pas d'objet, de raison d'être, si l'homme devait vivre isolément, séparé de ses semblables. Comme l'a dit Aristote : « la nature a donné à l'homme des yeux pour voir, des oreilles pour entendre, la parole pour converser avec ses semblables, elle l'a donc destiné à la société » (7). C'est d'ailleurs un fait d'expérience journalière et de tous les temps que nous avons besoin les uns des autres, tous les jours et à tous les instants : besoin économique pour toutes les nécessités de la vie matérielle ; besoin moral et intellectuel pour les nécessités plus hautes de la vie du cœur, de l'esprit, de l'âme ; besoin politique enfin, pour l'organisation sociale.

Des sophistes se sont rencontrés pour nier la sociabilité de l'homme et considérer l'état de société comme artificiel et contre nature. Les uns, comme Thomas Hobbes en Angleterre, et même,

(5) *Ibid.*, p. 18.
(6) Cette considération du langage articulé, de la parole, — par opposition au langage purement sensitif, qui s'exprime soit par des sons inarticulés, soit par divers mouvements propres à chaque espèce, jeux de physionomie, etc., — n'avait pas été envisagée par l'auteur. Nous avons cru, toutefois, devoir les présenter comme servant à parachever l'expression de sa pensée.
(7) Cité par l'auteur, p. 19.

quoique dans un esprit tout différent, M. de Bonald en France, considérant l'homme comme essentiellement pervers et, par nature, à l'état permanent de guerre, estiment que sa constitution en société a pour raison d'être la possibilité d'opposer la force collective à la mauvaise volonté des individus. Les autres, avec Jean-Jacques Rousseau, s'écartant plus encore de la vérité, jugent que l'homme est né bon, orné de tous les penchants nobles et généreux, de toutes les vertus, et que c'est l'état social qui l'a dépravé. Erreur plus dangereuse par ses conséquences que la première : celle-ci, il est vrai, conduit logiquement au despotisme, mais à un despotisme ordonné, réglé et à la rigueur supportable ; celle-là a pour conséquences la démocratie absolue, autre et pire forme du despotisme, les théories socialistes et finalement la pure anarchie.

Le besoin, l'instinct de la société est naturel à l'homme comme le besoin, l'instinct de la famille, de la religion, de la propriété. Ce sont des dispositions mises dans le cœur humain par le Créateur lui-même.

La société ne vit que par un mutuel échange de bons offices impliquant, entre ses membres, une certaine solidarité qui s'étend aussi bien aux générations qui nous ont précédés, à nos ancêtres, qu'aux générations qui viendront après nous, à nos descendants (8). Nous bénéficions des œuvres et des travaux de tous ceux qui, dans la suite des siècles, ont occupé la terre avant nous, comme nos petits-fils et nos arrière-neveux bénéficieront des labeurs et des découvertes de notre temps. De cette solidarité résultent des devoirs divers : ne pouvant rien sur le passé, nos devoirs envers nos ascendants se bornent à juger leurs actes avec équité, en nous plaçant non à notre point de vue, mais au leur, suivant les temps et les lieux ; envers nos contemporains, il y a réciprocité de devoirs comme de services, notamment par le respect des droits et de la liberté de chacun ; nous devons également tenir compte des droits éventuels de nos futurs successeurs, par exemple en n'absorbant pas à notre profit le capital d'avenir qui leur est destiné.

La société ne se compose pas d'une agglomération informe d'individus juxtaposés comme les grains de sable des plages maritimes : elle implique divers éléments. Notre auteur les réduit à quatre : l'individu, la famille, l'Etat, enfin l'humanité,

<hr>

(8) « Le respect des traditions familiales, qui est la solidarité des hommes d'aujourd'hui avec les ancêtres, est une des conditions de la longue vie des familles. » *Le Devoir*, t. III, chap. IV, § 1ᵉʳ.

concept qui nous parait représenter une organisation sociale réduite à sa plus simple expression. Il y a, dit-il, *unité* dans l'individu, *solidarité* dans la famille, la nation et l'humanité, chacun de ces éléments du corps social apportant sa part à l'ensemble (9). Mais l'ordre social ne comporte-t-il que ces seuls éléments? Nous pourrons en rencontrer d'autres dans le cours de cette étude. En attendant, signalons l'énergie avec laquelle le penseur lyonnais réprouve l'absorption de l'individu dans la collectivité que représente l'Etat. Il s'en prend à la Révolution, à l'esprit de la Révolution, qui, s'emparant violemment de la conscience, prétend subordonner entièrement la famille et l'Eglise à l'Etat. Prétendue promotrice de la reconnaissance des droits de l'homme, cette Révolution, son esprit (qui subsiste aujourd'hui plus que jamais), ne vise qu'à l'anéantissement de ces droits, chaque Français n'étant plus à ses yeux un homme, un citoyen, un chrétien, « mais une chose inerte, propriété de l'Etat qui a sur lui le *jus·utendi et abutendi* : au moyen de l'instruction publique, obligatoire et athée, la Révolution s'empare de l'enfant, du pauvre surtout... Ceux qui ont revendiqué la liberté de conscience, mettent leurs mains violentes sur cette conscience asservie par eux. Sous le nom illusoire de République, le peuple français s'est donné des maîtres sans scrupules qui recherchent avant tout leur intérêt personnel; nous portons le joug d'une société mi-partie sceptique, mi-partie fanatique, audacieuse, égoïste et pleine de mépris pour tout ce qui a porté haut la gloire des nations » (10).

Ne serait-il pas plus exact de dire que nous portons le joug, non d'une société, mais d'un groupe, d'une minorité « fanatique, audacieuse, etc. », qui se maintient au pouvoir en exploitant, trompant et sophistiquant un suffrage inorganique et le plus souvent inconscient? Mais l'auteur n'est que trop dans le vrai, hélas! quand il ajoute : « La France redescend dans les bas-fonds du paganisme antique, elle a perdu ses lumières ; elle reprend des erreurs déjà dissipées » (11).

Cette oppression pourtant aura un terme. Car le christianisme « oppose une barrière infranchissable à la confiscation de l'individu par la société. Dans le sanctuaire de la conscience réside une force incompressible, dont aucune violence ne saurait triompher. Le christianisme est avec cette conscience : il consacre ses droits, il se dresse devant la tyrannie, comme une borne à l'absolutisme, et un jour viendra, où la foi chrétienne règnera triomphante au sein des sociétés véritablement émancipées par elle » (12).

(9) *Le Devoir*, t. III, chap. III.
(10) et (11) *Loc. cit.*, pp. 38, 39.
(12) *Ibid.*, p. 39-40.

Une autre erreur, toute moderne celle-là et se surajoutant au renouvellement des anciennes, consiste à considérer l'homme comme fait pour l'humanité, celle-ci étant prise comme une espèce naturelle dont dépendent les individus, à la façon de l'espèce chêne d'où dépendent tous les chênes, ou de l'espèce bœuf dont dépendent tous les bœufs. Les individus, par suite, ne sont plus que les organes de l'ensemble, les hommes n'existent que par l'humanité et pour l'humanité : de là, plus de séparation ni de distinctions entre les hommes, plus de patries particulières ; une seule patrie : l'humanité. Point de vue faux, s'il en fut : l'humanité est au contraire la résultante des activités de tous ses membres, elle existe par eux, et non eux pour elle. Le *moi* de chacun, la conscience de chacun, s'appartient avant d'appartenir à l'humanité, ayant ses devoirs et ses droits propres qu'aucune collectivité n'a le droit d'entraver ou de violer.

Mais précisément le fait de ces devoirs et de ces droits implique, comme base et fonctionnement de la société, autre chose que le nombre brutal. « La souveraineté du nombre détruit toute autre souveraineté » (13) et n'est d'ailleurs pas une souveraineté. Par elle, en effet, ce serait la volonté du peuple (ou soidisant telle) qui créerait le bien, le vrai, le juste, la vertu, proposition si éminemment absurde qu'elle se réfute d'elle-même. Et cependant c'est l'esprit, sinon les termes, d'une telle conception qui prévaut aujourd'hui. Ce ne sont pas la capacité, la valeur, le mérite qui font la loi, c'est le nombre... ou, pour mieux dire, ce qui est *censé* faire la loi, c'est le nombre, lequel ne commande qu'en apparence, étant truqué et adultéré par une infime minorité d'aigrefins de la politique.

Un second et non moins essentiel élément de la société, c'est la famille. Elle-même est déjà une société, « la première, la meilleure sur la terre », société créée par le cœur, issue de l'amour conjugal, caractérisée par la paternité et la filiation. L'amour entre époux, l'amour paternel, qui descend sur les enfants et remonte aux parents sous la forme de l'amour filial, quoique plus faiblement : monter est moins aisé que descendre. Enfants, les fils et filles appartiennent avant tout à leurs parents, auxquels ils doivent la vie ; adultes, ils s'appartiennent d'abord à eux-mêmes. L'Etat n'a ici que le droit — qui est avant tout un devoir — d'aider et protéger le plein développement de la famille et de ses membres. Vouloir, comme les socialistes et les « étatistes », substituer à la providence paternelle la providence de l'Etat, c'est aller contre la justice, contre la nature.

(13) *Ibid.*, p. 49.

Au-dessus de la famille, deuxième élément de la société, notre auteur met immédiatement l'Etat, c'est-à-dire « la société civile et politique en tant qu'elle est réglée par un pouvoir supérieur, une autorité souveraine, qui ramène à l'ordre et à l'unité les efforts libres de tous les citoyens » (14). Nous nous sommes demandé, plus haut, si l'ordre social ne comporte pas des éléments intermédiaires entre la famille et l'Etat. Il faut reconnaître que, faisant un rapide historique des débuts de l'humanité, le philosophe nous la montre se partageant d'abord en deux courants, l'un descendant peu à peu vers la dégradation de l'état sauvage, l'autre développant les éléments de civilisation reçus de Dieu même par le premier couple humain, et groupant, sous l'autorité patriarcale, les familles en tribus, lesquelles groupées à leur tour, sous la domination de quelques individualités supérieures, ont fini par constituer de grandes nations, les grands empires.

Mais entre la famille et l'Etat, il y a toujours eu des moyens termes : la cité ou la commune, la province, cette petite patrie dans la grande, constituée par les traditions et l'histoire et remplacée malencontreusement en France par la subdivision toute artificielle en départements, qui n'ont ni indépendance ni vie propre et n'offrent aucun contrepoids à l'arbitraire et à l'absolutisme du pouvoir central. Or l'autonomie assurée et garantie de la commune ou de la province, constitue autant d'éléments intermédiaires entre la famille et l'Etat, éléments précieux pour le développement des initiatives et de la vie locales, pour l'affermissement des droits et des libertés locales, qui sont le rempart le plus efficace contre les abus toujours possibles de l'Autorité, qu'elle réside entre les mains d'un seul, ou, ce qui est pire, d'une oligarchie.

Si l'auteur de *La Science de la vie* a négligé ou omis ces éléments, secondaires il est vrai, mais importants de l'organisation sociale, il s'est d'autre part longuement étendu sur l'idée et le fait de la *Patrie*, qui est, surtout pour un peuple de traditions immémoriales comme la France, comparable à « une mère très âgée, dont il a reçu le sang et sucé le lait, dont la longue histoire, les leçons et les exemples ont façonné son âme » (15). Avec non moins de raison et de vérité doit être flétri cet esprit révolutionnaire « qui fait tous ses efforts pour détruire le culte du passé, ce lien mystérieux par lequel descend toute la sève des anciens temps, arrivant au cœur des générations nouvelles, pour les fortifier dans le bien dans l'honneur, dans toutes les nobles passions... L'amour des traditions, sérieux et fécond,

(14) *Loc. cit.*, p. 63-64.
(15) *Loc. cit.*, p. 78-79.

n'est pas la peur de l'avenir, il est le respect du passé. La tradition, c'est la patrie agrandie, dans le présent, de tout ce qu'elle vénère du passé. Le mot *révolution* exprime, au contraire, la rupture violente avec le passé, mais cette rupture, apparente et momentanée, ne peut cependant se faire contre la loi universelle et constante, la loi de l'enchaînement des générations et des événements » (16).

*
* *

Cette collectivité générale qu'est l'humanité n'était pas connue des anciens. « Avant le christianisme, l'idée d'humanité et celle de fraternité n'étaient pas nées ; la cité seule existait. » On rappelle, à l'appui, d'après Lactance (17), ce distique du poète Caïus Lucilius :

> Commoda praeterea patriae sibi prima putare,
> Deinde parentum, tertia jam postremaque nostra.

« Nous devons considérer d'abord les intérêts de notre patrie, ensuite ceux de nos parents, en troisième et dernier lieu les nôtres. »

Ce qui signifie que l'on doit se dévouer avant tout à sa patrie, en seconde ligne à sa famille, pour ne penser qu'en dernier lieu à soi-même. Mais de l'humanité, il n'est pas question. La maxime du poète latin ne doit pas, toutefois, être prise au pied de la lettre. Sans doute, « ce serait, comme le dit Fénélon, une chose monstrueuse de se préférer à toute sa famille, sa famille à toute sa patrie, sa patrie à tout le genre humain... Il n'est pas permis de se conserver en ruinant sa famille, d'agrandir sa famille en ruinant sa patrie, ni de chercher la gloire de sa patrie en violant les droits de l'humanité. C'est sur ce principe qu'est fondé ce qu'on appelle le *droit des gens* et *la loi des nations* » (18). Cela n'empêche pas que l'homme, considéré individuellement, ne s'appartienne, comme il a été dit plus haut, avant d'appartenir à l'humanité, ayant des droits et des devoirs propres. Mais s'il doit être prêt à immoler sa vie mortelle pour en sauver plusieurs autres, ce ne doit jamais être au prix d'un avilissement de son être moral; « jamais il ne doit sacrifier sa véritable fin, sa fin spirituelle, immortelle... En donnant ma vie pour ma famille, pour ma patrie, pour l'humanité, je ne péris pas tout entier : je vais droit au but de sacrifice et de

---

(16) *Ibid.*, p. 79-80.
(17) LACTANCE, *Institutions*, VI, 5 (cité par l'auteur).
(18) FÉNÉLON, *Essai philosophique sur le gouvernement civil*, chap. II (cité par l'auteur).

dévouement auquel Dieu a destiné mon existence terrestre, et j'assure le bonheur de mon existence éternelle... Seule une âme petite et vulgaire est incapable de contenir ces quatre éléments qui ne doivent ni s'exclure ni se combattre : amour de soi, amour de la famille, amour de la patrie, amour de l'humanité » (19).

II

L'AUTORITÉ, LA LIBERTÉ, LA LOI

Une autorité est nécessaire pour réunir en un faisceau, en un tout plus ou moins homogène, les éléments épars d'une société ; cette autorité en constitue elle-même un organe essentiel, c'est l'Etat. L'Etat implique une *autorité* qui gouverne, règle et limite, dans une mesure plus ou moins large ou plus ou moins restreinte, *la liberté* des membres de la société, et cela au moyen d'un ensemble de mesures générales excluant l'arbitraire, au moyen de *la loi.*

L'objection tirée contre le principe d'autorité de ce que « par nature, tous les hommes naissent libres, tous égaux » — ce qui, nonobstant Aristote, nous paraît, en fait, fort contestable — est une objection vaine : elle tombe devant un fait inéluctable : l'homme ne peut vivre et développer ses facultés qu'à l'état de société, et nulle société ne peut subsister sans autorité ; il faut donc qu'elle ait une autorité à sa tête. Hors de là, c'est l'anarchie. Mais ici se pose une question. D'où vient cette autorité souveraine, quelle en est la force ? Quelle forme peut-elle revêtir et dans quelles limites doit-elle s'exercer ?

En thèse absolue, l'autorité appartient à Dieu seul ; et, sauf le cas tout exceptionnel du peuple juif dans l'antiquité, l'histoire universelle ne nous fournit aucun exemple d'une délégation directe de Dieu pour confier expressément l'autorité à un prince, à un peuple ou à une dynastie (20). Néanmoins il n'est pas contestable que nul n'est revêtu d'une autorité quelconque, surtout d'une autorité souveraine, sans que, effectivement bien qu'indirectement, Dieu la lui ait conférée. Mais il n'est pas exact, comme on l'a cru durant un certain temps en France, que le *droit divin*

(19) *Op.* cit., chap. IV *in fine.*
(20) On pourra consulter avec fruit, à ce sujet, la *Philosophie du droit social*, de feu Mgr HUGONIN, évêque de Bayeux et Lisieux (1885 ; Paris, Plon), principalement le Livre II, 2ᵉ partie ; et une brochure du même prélat : *Du droit ancien et du droit nouveau*, à l'occasion de l'Encyclique *Immortale Dei* de Léon XIII (1887, Paris, Palmé).

ait été délégué par Dieu d'une manière directe et spéciale aux dynasties régnantes (21).

Notre philosophe prend cependant le « droit divin » ainsi défini pour l'un des types de l'autorité ; mais il en ajoute deux autres : le choix du peuple et le droit de conquête, pour conclure qu'aucune de ces trois sources de l'autorité, *prise isolément*, n'est légitime.

En ce qui concerne le *droit divin*, tel qu'il fut compris, je ne dirai pas, avec l'auteur, « sous l'ancienne monarchie », mais bien à partir du règne de Louis XIV en France, et en Angleterre sous Jacques Iᵉʳ, notre philosophe estime que, *seul*, ce droit ne constitue pas une source authentique de l'autorité souveraine ; il faut qu'il soit appuyé de l'assentiment au moins tacite de la nation. « Les légitimités ne sont que des faits historiques, d'une durée plus ou moins longue, qui se sont succédé les uns aux autres » (22). Vouloir en faire un droit absolu et inamissible serait une erreur ; mais ceux-là ne se trompent pas moins lourdement qui veulent attribuer un pareil droit au peuple : « telle notre république radicale dont on fait aussi un dogme politique de droit essentiel et absolu » (23).

Le *choix* du peuple, au moins sous le régime monarchique, ne peut s'entendre que des origines d'une dynastie, lorsque le premier souverain a été élu soit directement par la voix populaire,

---

(21) « Il n'est pas non plus exact, dit Mgr Hugonin (*Philosoph. dr. soc.*, p. 258) de dire qu'il y a une forme de monarchie particulière, ayant des droits particuliers, qui soit d'institution divine ou ecclésiastique. » Jacques Iᵉʳ, roi d'Angleterre, ayant soutenu contre Bellarmin la thèse du droit divin ainsi entendu, « Suarez la repoussa en la taxant d'opinion *nouvelle*, singulière, qui semble inventée pour exagérer la puissance temporelle au détriment du pouvoir spirituel. » *Le Devoir*, t. III, p. 88. Une réflexion se présente ici : puisque Suarez, cette autorité de premier ordre en la matière, taxe de « nouvelle » l'opinion qui fait du droit divin une sorte de dogme au profit du roi et de sa dynastie, c'est donc qu'elle n'avait pas cours avant l'époque où vivaient Suarez et Jacques Iᵉʳ, c'est-à-dire avant la seconde moitié du XVIᵉ siècle ou le commencement du XVIIᵉ. Il n'est donc pas exact de l'attribuer à toute l'ancienne monarchie française. En France, elle de date guère que de Louis XIV, préparée peut-être par la politique de Richelieu et de Mazarin.

(22) *Le Devoir*, t. III, p. 89.

(23) *Ibid.*. — « La République préexiste », disait Victor Hugo ; « elle est de droit antérieur et supérieur.... etc. ». Qu'est ce autre chose, cela, sauf des termes différents, que le droit divin professé par Jacques Iᵉʳ ou Louis XIV, retourné au profit de la République ? Il procède même d'une erreur plus grave encore, car si ces deux souverains confisquaient à leur profit exclusif une affirmation vraie, *Omnis potestas a Deo*, ils reconnaissaient par là même l'origine divine de l'autorité. Tandis que nos modernes protagonistes de la prétendue souveraineté du peuple, n'en font pas remonter l'origine plus haut et attribuent au peuple seul, c'est à dire à la masse ignorante, incompétente et naïvement crédule, le principe même de toute souveraineté. L'assentiment ou le choix populaire peut bien désigner les détenteurs de l'autorité, il ne la confère pas, encore moins la crée-t-il : « L'autorité qui ne relève que du droit humain est une doctrine athée, matérialiste, profondément subversive : elle a précipité la nation française dans le sang, et lui a infligé l'opprobre du despotisme. » (*Op. cit.*, p. 90).

soit par les représentants attitrés de la nation. Sous ses successeurs, c'est l'assentiment qui remplace le choix.

Une troisième source de l'autorité, c'est la *conquête*, le droit de conquête, exprimé par cet alexandrin bien connu :

> Le premier qui fut roi fut un soldat heureux.

Mais la conquête est un fait de force brutale, et pour que l'autorité qui en découle devienne légitime, il faut qu'elle reçoive l'acquiescement du peuple vaincu. Ainsi en a-t-il été du peuple gaulois après les victoires définitives de Jules César, ainsi des populations gallo-romaines après les conquêtes des Francs. Mais hélas ! combien souvent cette clause de stricte justice reste-t-elle inobservée ! Qu'en pensent les Irlandais réunis de force à l'Angleterre, les Polonais opprimés par la Russie et la Prusse, les Alsaciens-Lorrains soumis par nos défaites à un joug abhorré, les populations chrétiennes d'Orient sujettes de l'Islam, les Coréens envahis par le Japon, les peuples de l'Inde dominés par les Anglais ?

Qu'elle soit établie par droit héréditaire, par droit de conquête, par choix ou assentiment du peuple, l'autorité est elle-même soumise à des lois : elle « doit avoir raison », c'est-à-dire qu'elle doit gouverner selon la justice, le droit : « elle ne peut gouverner les hommes qu'à la condition d'être gouvernée par Dieu » (24). Le Play, dont notre auteur ne paraît pas d'ailleurs s'être inspiré, exprimait la même idée en constatant que les sociétés les plus prospères sont celles où le Décalogue est le mieux observé. L'autorité doit aussi « s'exercer pour le bien commun, en vue de la fin des sociétés », qui est d'assurer à tous ses membres, dans la mesure du possible, et toutes proportions gardées, les conditions d'un plein et libre développement : car ce pouvoir n'existe pas au profit de celui ou de ceux qui en sont dépositaires et pour leur propre intérêt, mais bien pour l'intérêt commun. Elle doit être ferme, forte, courageuse. La faiblesse, les défaillances de l'autorité sont le trait caractéristique des décadences : « le souverain qui laisse mettre son autorité en litige s'abandonne lui-même ; ainsi la première concession de Louis XVI aux factieux décida de sa ruine » (25). Enfin, toute autorité doit avoir un contre-poids. L'erreur des derniers princes de l'ancienne monarchie, Louis XVI excepté, a été de vouloir s'en passer, et cette erreur a entraîné leur ruine et celle de la France en même temps.

L'Autorité, dans une société organisée, revêt ou peut revêtir diverses formes. Notre penseur les ramène à deux : la Monarchie, que caractérise l'autorité, et la République, caractérisée,

(24) *Ibid.*, p. 38.
(25) *Ibid.*, p. 101.

d'après lui, par la liberté. Division ou opposition bien contestable. Il est vrai qu'il s'empresse d'ajouter : « J'ai peur que le peuple français ne puisse vivre ni en monarchie ni en république, parce que sous la monarchie il détruit l'autorité, et sous la république, il détruit la liberté » (26).

Il y a du vrai, mais aussi quelque exagération dans ce tableau de la monarchie.

« On ne peut affirmer que le pouvoir absolu entraine forcément l'injustice et la violence ; il peut être exercé avec modération et sagesse. Il ne manque pas, de par le monde, de rois absolus qui ont accompli de grandes choses : chez nous, Charlemagne, Saint-Louis, Henri IV, Louis XIV. Personne peut-être ne réalisera plus que Louis XIV l'idéal du roi, aussi Leibnitz l'a-t-il appelé : *le plus roi de tous les rois.* Il régnait et il gouvernait » (27).

Donner Louis XIV comme le type du roi absolu, d'ailleurs sous le meilleur jour où ce type se puisse concevoir, est sans doute chose exacte. Mais l'est-il autant que Henri IV, saint Louis, même Charlemagne, aient été à proprement parler des souverains absolus ? Assurément, ils savaient se faire obéir ; mais c'est là précisément l'art et le devoir de quiconque exerce un commandement. Savoir se faire obéir, c'est se montrer fort, exempt de faiblesse. D'ailleurs l'auteur reconnaît assez explicitement, dans un autre passage, que nos anciens rois n'étaient point absolus.

« Autrefois, en France, l'autorité royale avait pour contrepoids les évêques, les leudes, les seigneurs féodaux. L'ancien régime français était fondé sur ce principe : *on ne s'appuie que sur ce qui résiste.* Les parlements des Etats provinciaux, jaloux de leurs prérogatives, protestaient énergiquement contre les impôts qui ne leur semblaient pas justifiés ; leurs droits étaient aussi solidement garantis que ceux des grands seigneurs ; et tous ces droits s'arc-boutaient entre eux et se défendaient mutuellement » (28).

C'est quand la monarchie française fut parvenue à se débarrasser par trop complètement de tous ces éléments pondérateurs : droits féodaux, franchises et libertés provinciales et communales, droits des parlements, des corporations, etc., que la monarchie, ne trouvant plus sur quoi s'appuyer lorsque vint l'orage, fut lamentablement, bien que criminellement renversée. Sans doute elle avait eu à se défendre contre de redoutables ambitions et des empiétements funestes, et Richelieu s'était le premier vigoureusement appliqué à cette tâche ; mais il eut fallu

(26) *Ibid.*, p. 133, note.
(27) *Ibid.*, p. 128.
(28) *Ibid.*, p. 102.

savoir se limiter, et réprimer les excès ou les abus sans supprimer le principe même de toute résistance.

L'autre forme de l'autorité sociale, autrement dit l'autre type de gouvernement est la République, sur quoi nous reviendrons à propos de démocratie, d'aristocratie et de parlementarisme.

*
* *

Toute société vraiment civilisée comporte, parallèlement à l'autorité, ou, si l'on préfère, sous le contrôle de l'autorité, une certaine somme de liberté sociale, laissant à chacun le pouvoir d'exercer ses facultés dans toute leur étendue, pouvoir limité d'ailleurs, au point de vue moral, par « le *devoir*, la nature de Dieu, au point de vue social, par la *liberté d'autrui*, la nature humaine » (29).

Laissons parler l'auteur : «La liberté égale pour tous, telle qu'elle fut écrite dans le premier article de « la Déclaration des droits de l'homme » (laquelle ne tient compte ni des *devoirs* des hommes, ni des droits de Dieu), « en tête de la Constitution sanc-
« tionnée par Louis XVI, le 14 septembre 1791 : « Tous les Français
« sont égaux devant la loi » ; devant la loi comme devant Dieu !
« N'y avait-il pas longtemps que l'Evangile avait proclamé cette
« égalité de tous les hommes devant Dieu ? Ce qui est étrange,
« c'est que cette égalité ait tant tardé à passer de l'Evangile
« dans la loi civile » (30).

L'auteur, si éminent penseur soit-il, commet ici une grave confusion. L'égalité devant Dieu, l'égalité proclamée par l'Evangile, c'est l'égalité des âmes régénérées par la grâce, en vertu de laquelle chacun de nous est jugé sur ses mérites propres, sans nulle acception de son rang social ou de ses avantages naturels, devant ce Dieu qui, du haut du ciel,

> ...Entend les soupirs de l'humble qu'on outrage,
> Juge tous les mortels avec d'égales lois
> Et du haut de son trône interroge les rois.

Mais cette égalité spirituelle n'a de rapport avec l'égalité civile qu'en ce sens que la justice doit être égale pour tous. Elle ne s'oppose ni à des règles hiérarchiques, ni à des avantages héréditaires, justifiés par des services rendus de génération en génération à l'Etat ou au corps social, ni à certaines primautés ou inégalités de races qui sont d'ailleurs dans la nature. La doctrine évangélique se désintéresse des diverses formes sociales et se borne à prescrire de rendre à « César ce qui est dû à César, et à Dieu ce qui est dû à Dieu », que César s'appelle roi, empereur,

(29) *Le Devoir*. t. III, p. 112.
(30) *Ibid.*, p. 114.

parlement ou démocratie ; et le César-démocratie, soit dit en passant, n'est ni le moins autoritaire, ni le moins jalousement avide de ses prérogatives et de son pouvoir.

Mais si la liberté doit entrer, en même temps que l'autorité, dans toute organisation sociale digne de ce nom, il importe d'en avoir une notion exacte et de ne pas s'imaginer, ainsi qu'il arrive si souvent en France, que la liberté donne le droit de faire le mal, comme ce malandrin qui, après le 4 septembre 1870, disait à une dame, dans les rues de Lyon : « Nous sommes en république, donc en liberté, je peux donc injurier les passants à mon aise » (31). Une autre erreur, également toute française, de la liberté, ou relative à liberté, c'est de ne pas respecter celle-ci chez autrui, et de vouloir imposer, sous ce nom, une opinion propre. « La liberté est si peu française que ceux qui veulent nous la faire connaître la traînent en captive au milieu des rues et prétendent nous forcer à être libres. Quand on proclame la liberté le plus haut, dans les agitations politiques, c'est alors qu'elle s'enfuit d'un sol inhospitalier : celui qui la demande pour lui est précisément celui qui la refuse aux autres » (32).

Qu'est-ce donc que la liberté ?

Considérée intrinsèquement, elle consiste simplement dans la faculté de faire ou de ne pas faire, sans contrainte d'aucune sorte ; elle est opposée au déterminisme qui régit exclusivement les règnes minéral, végétal et animal, et, par là même, implique chez l'homme, sous le nom de *libre arbitre*, la faculté redoutable, mais qui fait sa supériorité sur tout le reste de la nature, de choisir à son gré entre le bien et le mal, entre la vérité et l'erreur, entre la passion et le devoir.

A un degré plus élevé, celui auquel on devrait toujours la considérer, elle est l'adhésion invariable au bien et à la vérité, la fuite du mal et de l'erreur, la maîtrise de soi-même à l'encontre de la passion ou de l'intérêt. L'homme vraiment libre est celui qui sait s'affranchir de tout ce qui, en lui, tend au mal, même sous les dehors d'un bien relatif, ou à l'erreur, même dissimulée sous de trompeuses apparences. En résistant à la tentation qui l'attire pour se conformer à la loi austère du devoir, l'homme fait acte de vraie liberté. « La liberté parfaite et idéale, dit l'abbé Guinand, consiste à se régler elle-même et à se ranger volontairement sous l'autorité de la raison, de la loi et du bien public » (33).

(31) Cité par l'auteur, *op. cit.*, p. 115. -- Personnellement, j'ai pu constater, après la proclamation de la République actuelle, une recrudescence de délits forestiers ; et l'excuse des délinquants poursuivis devant la justice, était que, étant en république, ils croyaient avoir le droit de prendre à volonté du bois dans les forêts de l'Etat ou de la communauté, ou d'y conduire inconsidérément leurs bestiaux.

(32) *Op. cit.*, p. 116.

(33) *Op. cit.*, p. 121.

L'activité humaine s'exerçant dans un grand nombre de directions, la liberté s'applique sur différents objets. Il y a plusieurs libertés. La première est la liberté de l'esprit, qui doit rechercher la vérité, ne tendre qu'à la vérité, celle-ci ayant tous les droits, l'erreur n'en ayant aucun ; mais, en fait, l'esprit peut se tromper de bonne foi dans sa recherche du vrai, et souvent c'est en passant par l'erreur qu'il arrive à la vérité (34). Car celle-ci ne se montre pas toujours avec évidence, il faut la chercher par un travail assurément méritoire ; et c'est en cela que consiste, non dans l'acception vulgaire, mais dans l'acception élevée et vraie, la « liberté de penser ». C'est travestir cette liberté et lui infliger un non-sens que de l'appuyer sur ce principe, posé *a priori* et nonobstant toutes constatations de faits, qu'*il n'y a pas de surnaturel !* Cela, bien loin de servir la liberté, c'est l'enchaîner : « on s'interdit, d'avance et systématiquement, de reconnaître pour vrai ce qui peut l'être ; et comme a dit Paul Janet, on ferme les yeux pour être plus sûr de voir clair » (35).

La « liberté de la conscience » ne découle pas seulement de la liberté de penser telle qu'elle vient d'être définie, mais encore de cette parole de Notre-Seigneur qui, revendiquant le titre de roi, avait soin d'ajouter : « Mon royaume n'est pas de ce monde », et qui fondait, à côté de la société civile, une société distincte ayant son gouvernement, ses moyens d'action et son but : l'Eglise ; laquelle, « après la création et la rédemption, est la plus grande des œuvres de Dieu » (36). C'est la société des âmes, qui ne s'occupe que des choses allant à l'éternité. L'Eglise agit sur les âmes ; elle a pour but leur salut au-delà de la vie terrestre. La société civile, « l'Etat, a pour but les choses du temps, le bonheur de la terre, mais n'a rien à voir dans le monde des âmes. Il doit donc reconnaître une puissance supérieure... L'Etat chrétien est l'idéal social créé par Jésus-Christ en fondant l'Eglise. Un Etat chrétien est celui qui, tout en pourvoyant aux besoins de la terre, comprend le rôle du monde supérieur et favorise son développement ici-bas » (37). A bien plus forte raison l'Etat, dans une société chrétienne, ne doit-il rien faire contre l'Eglise, doit-il la respecter et l'honorer, loin de forger contre elle une législation spéciale, tout en prétendant qu'il « l'ignore », ce qui est une hypocrisie : il l'ignore si peu qu'il procède contre elle comme les voleurs de

(34) On pouvait citer, à l'appui de cette assertion, l'exemple de Wiseman, de Newman, de Manning et de tant d'autres illustres anglais, qui, à force d'approfondir leur théologie protestante, sont parvenus à y démêler l'erreur d'une des parcelles de vérité qu'elle peut encore contenir, et ont fini par recouvrer la vérité totale en rentrant dans le giron de l'Eglise universelle.
(35) *Op. cit.*, p. 196.
(36) *Ibid.*, p. 198
(37) *Op. cit.*, p. 201.

grands chemins, après s'être violemment et criminellement séparé d'elle, aussi bien qu'avant.

La question du respect de la conscience des dissidents nous amène à traiter celle de la liberté des cultes.

Ce serait « élever à la hauteur d'un principe le scepticisme religieux », ce serait « reconnaître à l'erreur les mêmes droits qu'à la vérité », que d'admettre, avec un crtain rationalisme, la liberté illimitée et l'égalité de tous les cultes devant la loi, ce qui prétendrait signifier que toutes les religions sont également bonnes, également vraies, propositions impliquant contradiction. Seulement l'Etat n'est pas juge de la vérité ou de la fausseté des religions, surtout quand il comprend des sujets de religions diverses.

Si donc « nous devons condamner le principe absolu de la liberté des cultes, *en tant que principe*, nous devons aussi *tolérer le fait* quand il existe. L'erreur des dissidents pouvant être professée de bonne foi (nous dirions même : devant être légalement présumée telle), l'Etat doit la tolérer : la bonne foi supprime la faute, mais ne supprime pas l'erreur. Ainsi se concilient le droit imprescriptible de la vérité et le respect toujours dû à la personne (38). »

La liberté religieuse implique aussi la plus nécessaire, la plus précieuse, et cependant la moins respectée en France, de toutes les libertés : la liberté d'enseignement. Comme l'avait dit le P. Lacordaire, et, avant lui, je crois, M. de Bonald, l'homme est un être enseigné. Et le droit comme le devoir de l'enseigner, incombe nécessairement, durant son enfance et sa jeunesse, à ses parents ou à leurs délégués librement choisis par eux, sous leur propre responsabilité, et en accord avec les prescriptions ou directions de l'Eglise, seule autorité compétente, à cet égard, en tout ce qui concerne « la foi et les mœurs ». Restreindre ou supprimer chez les parents la liberté d'exercer ce droit ou plutôt d'accomplir ce devoir, voilà bien le plus grave et le plus odieux attentat auquel puisse se livrer la plus cruelle tyrannie. C'est en même temps une grave atteinte au principe même de l'instruction et du développement du savoir. Un fait constaté est que, depuis la restriction à la liberté d'enseignement, résultant, pour l'enseignement supérieur, de la suppression des jurys mixtes et de l'imposition des programmes d'examens, mais surtout, pour tout enseignement, de la dispersion et de l'interdiction des congrégations enseignantes, le niveau des études s'est sensiblement abaissé et s'abaisse de jour en jour en France.

D'ailleurs à ne considérer l'enseignement qu'au seul point de vue de la *science*, dans son acception la plus générale, « la science

(38) *Ibid.*, p. 307.

— c'est-à-dire le savoir — est souveraine dans son domaine ; comme la justice, comme les beaux-arts, elle ne relève que d'elle-même ; la soumettre à la politique, à l'administration, c'est l'abaisser et l'exposer à un dépérissement fatal » (39).

*
* *

L'autorité comme la liberté doivent être réglées par la loi. Et la loi n'est pas « ce qui plait au prince » comme la définissait Justinien, pas davantage « ce qui plait au peuple », comme le disait Alcibiade à Socrate. La Loi, disait Cicéron, est « née avant tous les siècles, avant qu'aucune loi ait été écrite, avant qu'aucune cité ait été fondée ». Autrement dit, « la Loi n'es pas un acte de puissance arbitraire, de volonté pure ; elle représente (elle *devrait représenter* ne serait-il pas plus exact ?) le droit, la justice en soi ; elle est (ou devrait être) un acte de raison, de sagesse, de justice intrinsèque. Elle est objective à l'être qu'elle régit et elle vaut plus que lui. La loi, suivant la belle définition de saint Augustin, est la souveraine raison de Dieu (40). »

Tel est du moins l'idéal, dont l'application ou plutôt l'interprétation « subit les diversités les plus considérables, suivant le niveau de civilisation et de moralité (on pourrait ajouter et suivant la mentalité) des peuples » ; comme aussi suivant les siècles, les climats, les conditions d'existence des sociétés, toutes contingences avec lesquelles ont à compter les principes absolus. Les lois sont tenues d'avoir égard à l'état des mœurs, en même temps qu'elles doivent aider à les améliorer, sans d'ailleurs se substituer en toutes choses, comme elles y tendent de plus en plus en France, à l'initiative privée. La manie de mettre partout de l'obligation, la remarque est à faire, « est la caractérisitque des sociétés en décadence » (42).

Le principe révolutionnaire, emprunté à Rousseau, que nul n'est tenu d'obéir aux lois qu'il n'a pas consenties, est, comme le fait justement observer notre auteur, un principe faux. Toute loi conforme au droit, à la justice et à la raison, est par essence souveraine et doit être obéie, consentie ou non. Mais il n'en est pas de même des lois notoirement injustes et oppressives, point de vue trop complexe et trop vaste pour qu'il puisse être envisagé ici.

De la souveraineté de la loi résulte pour la Société, pour l'Etat, le droit redoutable mais nécessaire de punir, droit qui, dans un cas extrême comme l'assassinat, s'étend jusqu'à la privation de la

(39) Op. cit., p. 217.
(40) Ibid., p. 149.
(41) Ibid., p. 151.
(42) Ibid., p. 154.

vie. Joseph le Maistre a écrit sur ce sujet, dans ses *Soirées de Saint-Pétersbourg*, des pages éloquentes qu'on relit toujours avec fruit. Bornons-nous à l'explication que donne notre auteur, de ce phénomène de sensiblerie contemporaine par suite duquel certains esprits repoussent absolument la peine de mort, même pour les pires assassins : « La raison, dit-il, peut en être cherchée dans une sensiblerie du cœur qui n'a plus ni force ni énergie, dans la pauvreté des doctrines et des convictions qui ne voient plus de différence entre le bien et le mal, dans l'oubli de la victime innocente disparue du nombre des vivants » (43).

III

DÉMOCRATIE, SUFFRAGE UNIVERSEL,

PARLEMENTARISME

Il a été dit plus haut (43 *bis*) que le penseur dont nous apprécions ici l'œuvre posthume, donnait à la représentation du principe d'autorité deux formes caractéristiques seulement : la Monarchie, où, suivant lui, prévaut à peu près exclusivement ce seul principe, et la République, essentiellement régime de liberté.

En théorie spéculative, ce classement peut paraître logique. En fait, il est loin de se vérifier toujours dans la pratique, et le despotisme de tel roi ou de tel empereur n'a rien à envier, à celui de la République française de la fin du XVIIIe siècle ou du commencement du XXe, alors que l'on pourrait citer plus d'un souverain sous le règne duquel la liberté a été ou est florissante. La forme républicaine de l'Autorité s'appuie sur la démocratie. Entendue dans le sens de l'attribution au seul mérite personnel des avantages sociaux qui ne peuvent être le partage de tous, et de la plus grande extension possible aux citoyens de ces avantages eux-mêmes, la démocratie serait certes chose idéalement acceptable. Malheureusement l'acception donnée aujourd'hui à ce terme comporte un sens tout opposé. La démocratie contemporaine cherche, non pas à élever le niveau moral et intellectuel de la nation, à atttribuer les fonctions et les charges publiques aux plus méritants et aux plus dignes, mais bien au contraire à rabaisser toutes les supériorités au niveau le plus bas, à exercer un véritable ostracisme contre tous les talents, toutes les valeurs personnelles, toutes les supériorités quelles qu'elles soient.

(43) *Op. cit.*, p. 170.
(43 bis) Cf. *Quest. eccl.*, octobre 1910, p. 358.

La faute en est sans doute aux erreurs du suffrage universel. La première de ces erreurs, d'après un jugement aussi judicieux qu'imprévu de notre auteur, serait de croire que le vote est un droit. « Non, *le vote n'est pas un droit, c'est une fonction ;* et la fonction exige des connaissances propres, des capacités constatées, elle est exercée par quelques-uns au profit de tous. La justice, la liberté, l'égalité devant la loi sont des droits ; mais la judicature, la médecine, le barreau, le professorat, le sacerdoce sont des fonctions ; et le vote aussi. Que tous puissent prétendre à arriver à la capacité nécessaire pour remplir la fonction, oui, c'est un droit. Mais que tous apportent en naissant le diplôme de capacités, non » (44).

Le vote n'est pas un droit ; c'est une fonction, et la fonction exige des connaissances qui lui soient propres: Voilà un point de vue auquel personne encore, peut-être, ne s'était placé, pas plus les partisans que les adversaires de ce mode de consultation d'un pays, et qui peut donner matière à de graves réflexions, en tout cas à des discussions d'un grand intérêt.

« Une autre erreur du suffrage universel, c'est qu'il repose sur le principe de l'égalité absolue de tous les citoyens. » Or il n'en est pas ainsi ; les capacités, les volontés varient à l'infini ; le mouvement naît du conflit, et c'est ainsi que la société se meut, vit et se développe. Il y a toujours eu et il y aura toujours, quoique puissent prédire les utopistes, des riches et des pauvres, des forts et des faibles, des bons et des méchants. « Attribuer à toutes les voix, dans le suffrage universel, une valeur identique, c'est aussi inique que si l'on faisait payer la même somme d'impôts à tous les habitants d'un pays » (45).

Le parlementarisme, — qu'il ne faut pas confondre avec le régime représentatif, — le parlementarisme tel qu'il a fonctionné le plus souvent et tel qu'il fonctionne en France, « est une conséquence du suffrage universel : en France, le parlementarisme est une forme du despotisme ; c'est la tyrannie sans risques, sans responsabilités, sans prestige, exercée par les assemblées... C'est d'ailleurs une illusion enfantine de croire que le pays est figuré avec quelque vérité par les majorités électives. La majorité représente l'opinion d'un jour au plus, l'opinion bruyante et à outrance qui déborde comme une écume au moment de la fièvre des élections, et le lendemain s'efface » (46).

La conclusion de ces vues sur l'Autorité, la Liberté, le nombre

(44) *Op. cit.*, p. 137-138, au chap. VI. — Nous rencontrons ici, subsidiairement, un exemple d'un de ces droits qu'on ne trouve pas dans son berceau, en naissant, en opposition à cette assertion, émise sous l'autorité d'Aristote, que les hommes naissent tous avec les mêmes droits.
(45) *Op. cit.*, p. 140.
(46) *Op. cit.*, p. 141.

et le vote, est que « la vraie loi du gouvernement des sociétés n'est pas dans la souveraineté du nombre, mais dans celle du mérite, des *plus dignes* » (47). Une telle proposition conduit tout droit à l'aristocratie (ἄριστοι, les meilleurs, κρατεῖν, commander), et notre auteur, malgré ses préférences pour la démocratie, ne recule pas devant cette conséquence. « Salomon, nous dit-il, professait déjà cette grande loi politique et sociale, que le commandement revient de droit au plus sage, au plus capable, au plus digne... Une aristocratie ainsi constituée n'est pas un privilège arbitraire... A parler justement et rigoureusement, c'est de la pure et saine démocratie, celle qui élève et non celle qui abaisse » (48), celle dont la devise de progrès serait : « Toujours plus haut ! Toujours plus de lumière ! Toujours plus de vertus ! »

« La formule démocratique usitée de nos jours : Tout pour le peuple et par le peuple, est vraie à moitié, fausse à moitié. *Tout pour le peuple*, c'est juste : le but, l'objet, la raison d'être de tout pouvoir est le bien du peuple (c'est-à-dire de la nation tout entière). *Tout par le peuple*, c'est une erreur, le peuple doit être gouverné par une élite. La formule exacte est celle-ci : *Tout pour le peuple, tout par l'aristocratie*, c'est-à-dire par le pouvoir des meilleurs ; avec eux la justice règnera, quelle que soit la forme de gouvernement » (49).

Ici nous n'approuvons, ni n'improuvons, ni n'apprécions, nous nous bornons à citer.

IV

LA PROPRIÉTÉ, L'HÉRÉDITÉ
NÉCESSITÉ DE L'ÉLÉMENT RELIGIEUX

Pour compléter cet aperçu, d'après feu l'abbé Guinand, sur le *Gouvernement des sociétés*, il nous reste à le suivre sur la question de la propriété et du capital, et enfin sur la solution du problème social.

Que la propriété provienne, à l'origine, du droit du premier occupant, ou qu'elle procède de la conquête, c'est-à-dire de la force, qu'elle soit consacrée et organisée en droit par la loi civile, toujours est-il que son principe, le droit qu'elle confère, « découle

(47) *Ibid.*, p. 142.
(48) *Ibid.*, p. 143.
(49) *Ibid.*, p. 147.

de la grande loi morale du travail » (50) et se transmet, par la loi de l'hérédité, aux générations successives.

Aujourd'hui, le collectivisme prétendant nous faire retourner de plusieurs milliers d'années en arrière, voudrait nous ramener à la propriété en commun, comme aux temps des peuplades préhistoriques ; et les soi-disant *socialistes chrétiens* oublient trop que l'espèce de communisme de la primitive Eglise reposait sur ce fait : les premiers chrétiens « n'avaient tous *qu'un cœur et qu'une âme ;* tous animés du même sentiment, ils n'avaient pas l'idée de faire le mal. C'était le régime de la charité parfaite, du pur christianisme, le régime des âmes saintes » (51). Espère-t-on faire revivre au XXᵉ siècle et d'une manière universelle, la ferveur et la sainteté des chrétiens du Iᵉʳ ?

Si sacré que soit le droit de la propriété légitimement acquise ou reçue, notre penseur entrevoit le cas où son possesseur ferait servir sa fortune uniquement à ses plaisirs, la dérobant à la production des objets nécessaires soit à sa propre subsistance, soit à la subsistance commune ; cet usage de la propriété deviendrait alors un dommage pour la société. Et il estime qu'en ce cas, « sur la propriété de luxe, sur la propriété nuisible, jamais l'impôt ne serait trop fort, dût-il éteindre cette propriété » (52).

Une telle conclusion est peut-être rigoureusement logique ; serait-elle juridiquement applicable avec justice et équité ? Il est permis d'en douter. Comment établir la limite légale entre la jouissance légitime et la jouissance abusive ? C'est par les mœurs beaucoup plus que par la loi et surtout par l'impôt, que doivent être tracées les limites où le droit, poussé à l'état de *summum jus*, deviendrait par là-même *summa injuria*.

Battue en brèche par les écoles socialistes, la loi de l'hérédité n'en est pas moins universelle et perpétuelle. « Tout le monde hérite, ceux mêmes qui ne sont pas propriétaires ont beaucoup reçus des générations précédentes ». D'ailleurs, « l'hérédité est le lien des générations entre elles ; elle est la forme matérielle de la famille qu'on ne peut concevoir sans elle (53), et qui est « l'élément vital et indestructible de la société humaine » (54). Notre auteur réfute les objections contre le droit d'hérédité et le droit de propriété, en s'appuyant, entre autres, sur cette considération : « l'erreur des économistes est de supposer que la science terrestre constitue à elle seule un cercle parfait qui se suffit à lui-même. C'est dans l'autre monde qu'il faut chercher la solution

(50) *Op. cit.*, p. 219.
(51) *Ibid.*, p. 222-223. — Il y a d'ailleurs plus et mieux à dire à ce sujet. Cf. *Ouest. eccl.*, décembre 1909, p. 561, l. 10 sqq.
(52) *Ibid.*, p. 225.
(53) *Ibid.*, p. 227-228.
(54) *Ibid.*, p. 231.

de la justice suprême, et, pour cela, il faut admettre que l'économie politique a, par quelque côté, sa base dans la théologie » (55). Faciliter à chacun les moyens de devenir propriétaire, c'est chose excellente ; vouloir que personne ne le soit individuellement, c'est attaquer un élément organique intimement lié à la transmission héréditaire de la vie elle-même (56). La défense du capital proprement dit contre ses adversaires suit la défense de la propriété et de l'hérédité, et conduit à étudier le rôle du travail dans la société.

Le travailleur, l'ouvrier, n'a pas encore « conquis la position économique qui lui revient ; la lutte pour rétablir la justice (?) entre le capital et le travail n'est pas terminée. En revanche, il a acquis, par le suffrage universel, une position politique, et c'est là une grave erreur, les fonctions politiques demandant une réflexion, une culture générale et une longue prévoyance, toutes choses qui ne sont pas du ressort de l'ouvrier, courbé sous le travail matériel de chaque jour » (57).

Il y a, dans les considérations qui suivent, des vues qui seraient sur quelques points discutables, et qui semblent indiquer que l'abbé Guinand n'aurait pas suivi ou goûté les travaux de l'éminent économiste chrétien que fut Le Play. Telle, par exemple, la division à l'infini des biens par la loi égalitaire des partages, question qui demanderait une discussion approfondie et ne saurait trouver place ici, ou la marche vers un idéal, d'ailleurs jamais entièrement réalisable, d'une sorte de péréquation des fortunes. Mais le fait de l'acquisition de la terre ou du capital par l'effort et le travail, leur amoindrissement ou leur perte par le désœuvrement et l'oisiveté, sont justement ramenés à cette formule : « Plus les sociétés avancent et progressent, plus la terre appartient à celui qui la travaille, plus l'argent revient à celui qui le gagne » (58), — qui le gagne *honnêtement*, cela ressort du contexte.

Sur les rapports entre patrons et ouvriers, nous nous bornerons pour ne pas étendre cet article déjà long, à citer quelques pensées plus particulièrement dignes d'être notées : « La Révolution, en abolissant les corporations et le droit d'association, a mis les citoyens sous la griffe de l'Etat ; la loi, qui devait être tutélaire et bienfaitrice, devient oppressive. La liberté d'association doit aller jusqu'à nous affranchir de la tutelle de

---

(55) *Op. cit.*, p. 232.
(56) *Ibid.*, p. 237.
(57) *Ibid.*, p. 237 à 242, *passim*.
(58) Il y aurait, sur ce point, certaines réserves à faire. Entre la tutelle méticuleuse, jalouse, tyrannique parfois, telle que l'exerce en France, l'Etat centralisé à outrance, et l'absence de toute tutelle, il y a place pour une tutelle discrète, bienveillante, réduite à quelques cas extrêmes et constituant une garantie pour les associations elles-mêmes.

l'Etat (59). La plupart des améliorations du sort de la classe ouvrière résultèrent d'une obligation de conscience dictée par l'équité chrétienne, que les lois de l'Etat ne peuvent exiger... De plus, il faut dans une association l'accord de la liberté matérielle avec la liberté morale, sur laquelle l'Etat n'a pas de prise » (60).

Ailleurs : « Quoiqu'en disent les socialistes, il n'est pas vrai que le travail manuel soit égal au travail intellectuel ; que le typographe, par exemple, mettant sous presse *Les Châtiments*, soit l'égal de Victor Hugo. Non l'ouvrier ne peut supprimer le patron, sans se supprimer lui-même... M. Schneider et ses ingénieurs représentent des siècles de science, de puissance amassée, tandis que les ouvriers ne sont encore que des enfants en bas âge, des hommes à faire. »

Sur la réduction de la journée de l'ouvrier à huit heures de travail, l'auteur montre que cette réduction, surtout journalière, n'est guère plus justifiée que la prétention de considérer l'ouvrier comme étant *industriellement* l'égal du patron.

L'économie politique, qui est la science de la richesse, autrement dit des moyens d'existence, est chose nécessaire ; mais ses lois, à elles seules, sont insuffisantes, n'ayant ni cœur ni humanité et subordonnant tout, comme dans le monde végétal et le monde animal, à la seule lutte pour la vie, à la loi du plus fort. De là les luttes homicides de la bourse et du commerce, les trusts, la ploutocratie, la domination de l'argent, passée de la race juive à la race arya et chrétienne !

Pour remédier à de tels abus et introduire plus de justice parmi les hommes, on propose l'*Etatisme*, le socialisme d'Etat, qui apporterait le bien-être pour tous, la richesse pour tous, le bonheur universel. Pour l'éclatante réfutation de ces décevantes utopies, comme pour celle des théories anarchistes qui, partant du même principe — Ni Dieu, ni maître — sont d'ailleurs plus logiques, mais conduisent à des conséquences plus monstrueuses encore, on ne peut que renvoyer aux pargraphes III et IV du treizième et dernier chapitre, tome IV de *La Science de la vie*.

Dans le paragraphe suivant, il est observé, à l'encontre des rêves socialistes d'égalisation des conditions et de nivellement de toutes les classes, que de telles prétentions vont contre la nature des choses. « La loi naturelle veut qu'il y ait des forts et des faibles, des habiles et des maladroits, des savants et des ignorants, des riches et des pauvres ». C'est là une loi constitutionnelle de l'humanité, contre laquelle les formules plus ou moins scientifiques ne peuvent rien. Cette inégalité d'ailleurs

(59) *Op. cit.*, p. 246-247.
(60) *Ibid.*, p. 249-250.

constitue une harmonie providentielle sans laquelle il n'y aurait, parmi les hommes, ni émulation, ni stimulant, ni progrès, mais partout le marasme d'un colossal ennui.

Si les pauvres se plaignent d'être la proie des riches, les ouvriers d'être exploités par les patrons ; si, d'autre part, les forts et les habiles se jouent de la faiblesse des petits et des simples, si le monde est plein de vols et de violences, c'est que l'amour de soi l'emporte toujours sur l'amour d'autrui, ce qui est d'ailleurs dans la nature. Pour rétablir l'équilibre, il faut un secours qu'on ne peut trouver qu'au dessus de la nature, dans « la crainte de Dieu et l'amour de Jésus-Christ ». Ce qui revient à proclamer la nécessité de l'élément religieux dans la question sociale. Non qu'il faille, comme le voudrait le zèle intempérant de quelques-uns, aller jusqu'au socialisme dans le vain espoir de le diriger, pour détruire ce que l'individualisme a de trop absolu et de trop égoïste. Ce qu'il faut, c'est faire pénétrer l'esprit de l'Evangile dans toutes les classes sociales, de manière à pénétrer chacun de ses devoirs envers le prochain, les riches et les puissants de leurs obligations envers les pauvres et les faibles, parce qu'ils sont leurs frères en Jésus-Christ, et ces derniers aussi de leurs devoirs de justice et de jugement charitable envers tous. Tel est le rôle, telle est la mission du christianisme qui, « en élevant la justice et la charité à leur idéal de perfection, apprend aussi aux hommes que cet idéal n'aura sa pleine réalisation que dans un autre monde, personne ne recevant, ici-bas, l'exacte rémunération de ses vertus et de ses vices. »

Le vrai sens, la vraie science de la vie, pour le chrétien, considéré tant dans sa personne privée que dans l'ordre social, c'est de savoir s'élever, par la force d'une volonté secourue par la grâce divine, toujours accordée à qui la demande, au-dessus des vicissitudes heureuses ou malheureuses, favorables ou adverses, de ce séjour terrestre ; de tendre sans cesse vers l'idéal de justice, de vérité, d'amour, qui est la seule condition de tout bonheur parfait et durable, mais qui n'est et ne peut être pleinement et à tout jamais réalisable que par-delà le temps et au sein de Dieu.

Lille. Imp. de *La Croix du Nord*. — 38900

Les Questions

Ecclésiastiques

paraissent le 10 de chaque mois, en un fascicule in-8° d'au moins 96 pages, soigneusement imprimées sur beau papier. Elles formeront annuellement deux volumes d'environ 600 pages pour chacun desquels il sera fourni une couverture, une feuille de tête et quatre tables diverses : Auteurs, Actes du Saint-Siège, Bibliographie, Analytique.

L'abonnement court de janvier à janvier.

PRIX : France et Alsace-Lorraine. 12.00
   Europe. 13.50
   Hors d'Europe 15.00

Prière de s'adresser, pour ce qui concerne l'administration, à M. l'Administrateur de la Revue, 15, rue d'Angleterre, à Lille.

Envoyer ce qui regarde la rédaction et les ouvrages pour comptes-rendus, à M. QUILLIET, Professeur à la Faculté de Théologie, et Directeur des *Questions Ecclésiastiques*, 3, rue d'Isly, Lille. — Secrétaire de la Rédaction : M. l'abbé DEHOVE, Professeur à la Faculté des Lettres, Docteur ès-lettres.

Ancien Directeur-Fondateur : Mgr CHOLLET, évêque de Verdun.

www.ingramcontent.com/pod-product-compliance
Lightning Source LLC
Chambersburg PA
CBHW061606050726
47595CB00007B/2799